RIZ GOURMAND

RIZ GOURMAND

MARABOUT

SOMMAIRE

ASSIETTES COMPLÈTES

LUNCH BOX

BASES & SAUCES

COMPOSER UN PLAT DE RIZ COMPLET

1.

CHOISISSEZ LE RIZ.
Blanc, semi-complet ou complet, noir, sauvage... Toutes les associations sont possibles.

2.

AJOUTEZ UNE PROTÉINE ANIMALE OU VÉGÉTALE.
Viande, volaille, poisson, crustacé, tofu, œuf et même légumineuses... le riz s'y associe facilement.

3.

AJOUTEZ DES LÉGUMES.
Frais ou surgelés ils apporteront goût, couleurs et vitamines à votre plat. Coupez les légumes à rôtir (comme les courges et la patate douce) en gros morceaux car ils perdent du volume en cuisant.

4.

INCORPOREZ UN LIANT.
C'est le secret d'un plat qui a du goût et de la gourmandise. Coulis de tomate, crème fraîche, lait de coco, soja cuisine, bouillon, mascarpone...

5.

PENSEZ AUX ÉPICES !
Il faut toujours avoir dans son placard ses épices préférées : cumin, paprika, curry, piment de Cayenne... Elles donnent du caractère à une assiette et font voyager le palais.

6.

LES HERBES AROMATIQUES. Basilic, menthe, coriandre, ciboulette, sauge, persil, les herbes aromatiques doivent être de tous vos plats ! Pour les conserver plus longtemps, enroulez-les dans du papier absorbant et déposez-les dans le bac à légumes du réfrigérateur.

7.

DONNEZ UN PETIT COUP DE FOUET ! Ail, vinaigre, échalote crue, oignons nouveaux, roquette, graines germées de radis, raifort, gingembre, harissa… une pointe d'acide, de relevé, de piquant pour apporter de la fraîcheur. Même une simple pincée de fleur de sel ou un filet de jus de citron peuvent transformer un plat.

8.

DONNER DU CROQUANT. Croûtons, noix toastées, graines, fruits à coque, ingrédient grillé… il faut que cela croque ! N'hésitez pas à apporter de la texture en grillant des éléments.

RIZ À SUSHI
RIZ NOIR
RIZ COMPLET
RIZ SAUVAGE
RIZ BASMATI

LES RIZ

Vous trouverez ci-dessous un tableau récapitulatif des temps de cuisson en fonction du riz choisi. N'hésitez pas à varier les riz, ils ont des goûts et des textures différentes.

POUR 100 G	EAU (ML)	TEMPS DE CUISSON	POIDS CUIT
RIZ À SUSHI	300 ml	20 minutes à couvert, + 5 à 10 minutes sans couvrir	environ 275 g
RIZ BASMATI	300 ml	15 à 20 minutes à couvert	environ 250 g
RIZ COMPLET	300 ml	25 à 30 minutes à couvert	environ 250 g
RIZ NOIR	300 ml	35 à 40 minutes à couvert, + 5 minutes sans couvrir	environ 250 g
RIZ SAUVAGE	375 ml	50 à 60 minutes à couvert	environ 250 g

CONSEILS DE PRÉPARATION

LES FRUITS ET LES LÉGUMES

1. Choisissez le plus possible de fruits et de légumes du marché et bio. Rincez-les ou frottez-les avant de vous en servir.
2. Ne les épluchez pas systématiquement ! C'est dans la peau que se trouvent le plus de vitamines.
3. Limitez le temps de cuisson en préférant les légumes croquants saisis rapidement ou privilégiez les cuissons à la vapeur pour garder le maximum de vitamines. Plus on augmente la durée et la température de la cuisson, plus la perte de vitamines est importante.

LES LÉGUMES SECS ET LES LENTILLES

(HARICOT BLANC, ROUGE, NOIR, LENTILLE DU PUY, LENTILLE CORAIL, POIS CHICHE, POIS CASSÉ...)

COMPTEZ ENVIRON 50 G DE LÉGUMES SECS POUR OBTENIR 100 G DE LÉGUMES CUITS

1. Si vous utilisez des conserves, rincez-les abondamment et égouttez-les avant de vous en servir.
2. Pour les cuisiner, tout d'abord, rincez-les sous l'eau froide, puis laissez-les tremper 1 heure à 1 nuit avant de les cuire. Ensuite, il suffit de suivre les instructions indiquées sur l'emballage.
3. Ajoutez des échalotes crues ou confites, des sauces, des épices pour relever leur saveur. Le pois chiche se marie très bien avec le cumin, le haricot rouge et l'oignon nouveau cru émincé, la lentille corail et le curry sont faits l'un pour l'autre...

LES HUILES ET LES OLÉAGINEUX

1. En plus des lipides, les oléagineux contiennent un taux important de protéines, en particulier le sésame et l'amande. Pour les personnes sensibles de l'estomac, il est préférable de les peler avant de les manger. On peut les consommer entiers, concassés ou bien parsemés sur un plat. On peut les faire légèrement griller pour plus de saveurs.
2. On peut les utiliser sous forme de purée (amande, sésame, noix de cajou...) en remplacement du beurre ou de la crème ou les tartiner simplement sur du pain.
3. On peut les consommer germés (tournesol, courge, lin...) et profiter ainsi d'un surcroît de nutriments.
4. On peut les consommer sous forme d'huile (de lin, de courge, de noisette, de graines de chanvre, d'olive, de pépins de raisin...). Le mieux est de les utiliser brut, en arrosant vos assiettes d'un filet pour un maximum de vitalité.

TECHNIQUES

SUPRÊMES D'AGRUMES

1. Lavez et essuyez l'agrume.
2. À l'aide d'un couteau bien aiguisé, coupez les extrémités.
3. Posez le fruit à plat sur la planche. Retirez l'écorce et la peau blanche en faisant glisser la lame du couteau sous l'écorce et en suivant la courbe du fruit.
4. Tenez le fruit au creux de votre main, au-dessus d'un saladier. Glissez la lame du couteau le long d'une membrane jusqu'au centre du fruit. Recommencez de l'autre côté de la membrane. Le segment se détache et tombe dans le saladier. Recommencez.
5. Pressez le fruit pour récupérer le jus dans le saladier.

CONSERVER DES LÉGUMES-FEUILLES

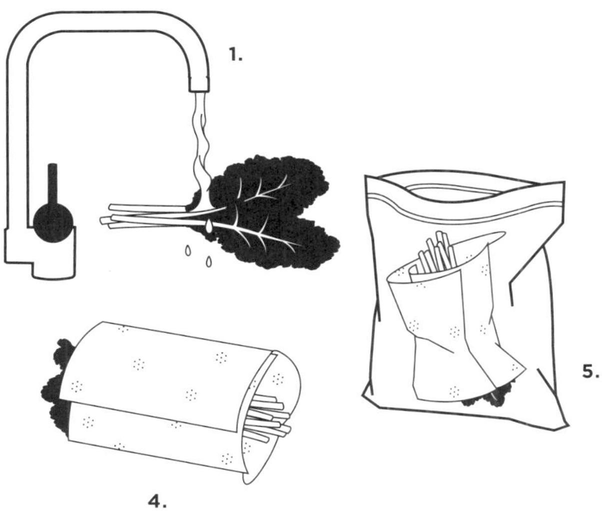

1. Lavez les légumes à l'eau froide.
2. Retirez les feuilles de l'eau. Jetez celles qui sont abîmées.
3. Essuyez-les delicatement.
4. Enveloppez les légumes dans un torchon sec ou du papier absorbant.
5. Placez les légumes ainsi enveloppés dans un sac congélation et fermez hermétiquement.
6. Conservez au réfrigérateur.

GARNITURES FACILES

Inspirez-vous de ce guide pour agrémenter vos plats de garnitures simples, qui apporteront en quelques secondes de nouvelles textures et de délicieuses saveurs à vos repas.

GRAINES DE GRENADE
COPEAUX DE NOIX DE COCO
SUCRÉES
MIEL
MYRTILLES
MÛRES
FRAMBOISES
JUS DE CITRON
ACIDES
JUS DE CITRON VERT
SALÉES
YAOURT NATURE
SEL DE MER
PARMESAN
FETA
CÂPRES
ONCTUEUSES
TAHINI

ONE POT

Des plats où tout cuit en même temps dans un seul contenant. Des recettes simples, gourmandes pour un minimum de temps en cuisine !

RIZ THAÏ AU BROCOLI

Préparation : 10 minutes
Cuisson : 25 minutes

pour 4 personnes

250 g de riz thaï
2 cm de gingembre, pelé et haché
½ bâton de citronnelle, hachée
1 gousse d'ail, hachée
2 oignons nouveaux, émincés
350 g de fleurettes de brocoli
1 cuillerée à café de sucre
1 poivron, émincé

2 cuillerées à soupe d'huile de tournesol
50 g de cacahuètes grillées salées
3 cuillerées à soupe de sauce soja
50 cl d'eau
1 petit bouquet de coriandre, pour servir

poêle ou sauteuse Ø 26 cm

recette

Mettre tous les ingrédients dans la poêle ou la sauteuse sauf l'eau, la coriandre et la sauce soja. Faire revenir 5 minutes en remuant régulièrement. Ajouter l'eau et la sauce soja, et laisser cuire environ 20 minutes jusqu'à absorption totale de l'eau. Servir avec la coriandre ciselée.

PAELLA EXPRESS

Préparation : 10 minutes
Cuisson : 15 minutes

pour 4 personnes

300 g de riz rond
4 pilons de poulet
100 g de mélange de fruits de mer
12 grosses crevettes décortiquées
1 poivron rouge, coupé en lamelles
100 g de petits pois surgelés
2 oignons émincés
2 gousses d'ail émincées
1 cuillerée à café de paprika
1 cuillerée à café de curry

1 sachet de Spigol®
1 cube de bouillon de poulet
2 cuillerées à soupe de concentré de tomates
25 cl de vin blanc
3 cuillerées à soupe d'huile d'olive
1 cuillerée à café de sel
65 cl d'eau

cocotte Ø 24 cm

recette

Faire chauffer l'huile dans la cocotte. Faire revenir le poulet avec les oignons, l'ail, le curry et le paprika. Ajouter le poivron, le mélange de fruits de mer et les crevettes. Mélanger. Ajouter le riz, le vin blanc, l'eau, le cube de bouillon, le Spigol®, le concentré de tomates, le sel et les petits pois. Faire cuire 15 minutes environ jusqu'à ce qu'il n'y ait plus d'eau dans la cocotte.

RIZ CAJUN JAMBALAYA

Préparation : 15 minutes
Cuisson : 35 minutes

pour 4 personnes

250 g de riz long
2 oignons nouveaux, émincés
400 g de haricots rouges en conserve, égouttés
2 branches de céleri, émincées
2 carottes, hachées
1 gousse d'ail, hachée
1 cuillerée à soupe de concentré de tomates
1 cube de bouillon de légumes
1 cuillerée à café de paprika
2 clous de girofle, écrasés ou moulus
1 petit piment, haché
1 cuillerée à café de graines de cumin
1 cuillerée à soupe d'origan séché
2 feuilles de laurier
2 cuillerées à soupe d'huile de tournesol
50 cl d'eau
1 cuillerée à café de sel

poêle Ø 26 cm

recette

Réserver les feuilles des branches de céleri. Chauffer l'huile dans la poêle, faire revenir le riz avec les oignons, les branches de céleri, les carottes, l'ail et les épices. Ajouter l'eau, le sel, le bouillon cube et le concentré de tomates. Laisser cuire 30 minutes à feu doux. Ajouter les haricots et les feuilles de céleri ciselées en fin de cuisson.

RIZ, ANANAS & TOFU FUMÉ

Préparation : 10 minutes
Cuisson : 25 minutes

pour 4 personnes

200 g de riz thaï
½ ananas, coupé en dés (ou 4 tranches d'ananas en conserve)
200 g de tofu amande-sésame, coupé en dés
1 oignon, émincé
1 gousse d'ail, hachée
4 cuillerées à soupe d'huile de tournesol
2 cuillerées à soupe de sauce soja
60 cl d'eau
1 pincée de sel
Poivre noir moulu
50 g de cacahuètes grillées, pour servir
½ bouquet de coriandre, pour servir

poêle ou sauteuse Ø 26 cm

recette

Faire chauffer l'huile dans la poêle, ajouter l'oignon et l'ail, faire revenir 3 minutes à feu moyen. Ajouter le riz, l'ananas, le tofu, la sauce soja et l'eau. Laisser cuire 20 minutes environ jusqu'à ce que l'eau soit absorbée. Servir chaud avec les cacahuètes et la coriandre ciselée. Assaisonner de sel et de poivre.

RISOTTO AUX TOMATES SÉCHÉES

Préparation : 10 minutes
Cuisson : 20 minutes

pour 4 personnes

250 g de riz arborio ou carnaroli
2 échalotes, hachées
1 cuillerée à soupe de margarine
2 cuillerées à soupe d'huile d'olive
100 g de tomates séchées, hachées
15 cl de vin blanc
1 pincée de safran
1 pincée de paprika
2 branches de thym
75 cl d'eau chaude

cocotte ou sauteuse Ø 26 cm

recette

Faire chauffer la margarine et l'huile d'olive dans la sauteuse ou la cocotte. Ajouter le riz et les échalotes avec le paprika, laisser cuire 3 minutes sur feu moyen en remuant. Verser le vin blanc et laisser s'évaporer. Ajouter le thym effeuillé, le safran, les tomates séchées, puis verser l'eau et laisser cuire à feu doux jusqu'à absorption complète. Servir chaud.

RISOTTO LÉGUMES VERTS

Préparation : 10 minutes
Cuisson : 20 minutes

pour 4 personnes

250 g de riz arborio ou carnaroli
2 échalotes, hachées
1 cuillerée à soupe de margarine
2 cuillerées à soupe d'huile d'olive
150 g de petits pois
150 g d'asperges vertes
1 carotte, hachée finement
1 branche de céleri, hachée finement
15 cl de vin blanc
1 cube de bouillon de légumes
75 cl d'eau chaude
50 g de pousses d'épinard

cocotte ou sauteuse Ø 26 cm

recette

Réserver les feuilles de céleri. Faire chauffer la margarine et l'huile d'olive dans la sauteuse ou la cocotte. Ajouter le riz et les échalotes avec la carotte et la branche de céleri, laisser cuire 3 minutes sur feu moyen en remuant. Verser le vin blanc, laisser s'évaporer. Ajouter le cube de bouillon émietté, les petits pois, les asperges, puis verser l'eau et laisser cuire à feu doux jusqu'à absorption complète. Ajouter les pousses d'épinard en fin de cuisson, mélanger. Laisser reposer 2 minutes puis servir chaud avec les feuilles de céleri hachées.

RISOTTO NOIR AUX SAINT-JACQUES

Préparation : 10 minutes
Cuisson : 50 minutes

pour 4 personnes

400 g de riz nerone
200 g de petites noix de saint-jacques surgelées
1 petit poireau, émincé
25 g de beurre
100 g de parmesan, râpé + un peu pour servir
1 échalote, émincée

15 cl de vin blanc
1 cube de bouillon de légumes
1,5 litre d'eau

casserole Ø 20 cm

recette

Faire revenir l'échalote dans le beurre pendant 5 minutes. Ajouter les noix de saint-jacques, le riz, le poireau et le vin blanc. Laisser réduire jusqu'à ce qu'il n'y ait plus de liquide. Ajouter le cube de bouillon et l'eau. Laisser cuire pendant 45 minutes environ, en remuant régulièrement. Ajouter le parmesan lorsque le riz est crémeux et mélanger. Servir avec du parmesan râpé.

RISOTTO ASPERGE & CREVETTE

Préparation : 15 minutes
Cuisson : 20 minutes

pour 6 personnes

320 g de riz à risotto
24 grosses crevettes ou gambas, décortiquées
1 botte d'asperges vertes (500 g)
20 g de beurre
2 échalotes, émincées
100 g de parmesan, râpé

10 cl de vin blanc
1 cube de bouillon de légumes
1 litre d'eau

cocotte Ø 24 cm

recette

Faire fondre le beurre à feu doux dans la cocotte et faire revenir les échalotes jusqu'à ce qu'elles soient translucides. Ajouter le riz et les crevettes et les faire revenir 2 minutes. Ajouter le vin blanc, remuer jusqu'à évaporation. Ajouter l'eau et le cube de bouillon et laisser réduire 10 minutes, en remuant. Casser le bas des asperges pour ne garder que la partie tendre puis les ajouter au risotto. Laisser cuire 5 minutes de plus, en remuant. Mélanger au parmesan râpé avant de servir.

RISOTTO AUX CHAMPIGNONS

Préparation : 10 minutes
Cuisson : 25 minutes

pour 6 personnes

250 g de riz à risotto (carnaroli, arborio...)
1 échalote, émincée
400 g de shiitakés (ou champignons de Paris), coupés en quartiers
10 g de morilles séchées
10 cl de crème liquide allégée
2 branches de thym
25 cl de vin blanc
1 cube de bouillon
1 pincée de poivre moulu
65 cl d'eau

sauteuse Ø 24 cm

33

recette

Placer tous les ingrédients dans la sauteuse et laisser cuire 25 minutes environ à feu moyen, en remuant régulièrement. Servir immédiatement.

RISOTTO NERONE & TRÉVISE

Préparation : 10 minutes
Cuisson : 1 heure

pour 4 personnes

250 g de riz nerone
1 salade trévise (250 g), émincée
1 échalote, ciselée
6 cuillerées à soupe d'huile d'olive
2 cuillerées à soupe de crème de vinaigre balsamique
2 pincées de sel
2 pincées de poivre
150 g de billes de mozzarella
1,5 litre d'eau

cocotte Ø 30 cm

recette

Mettre le riz, la trévise, l'échalote et l'huile d'olive dans une cocotte. Cuire 5 minutes à feu fort, sans cesser de remuer pour faire réduire la trévise. Ajouter la crème de balsamique, le sel et le poivre, mélanger. Verser l'eau et laisser cuire 55 minutes environ, en mélangeant régulièrement, jusqu'à ce que toute l'eau soit absorbée. Ajouter les billes de mozzarella, mélanger et servir aussitôt.

RIZ VERT

Préparation : 5 minutes
Cuisson : 10 à 15 minutes

pour 4 personnes

300 g de riz basmati, rincé et égoutté
100 g d'épinards frais
1 grosse courgette, coupée en dés
1 poivron vert, émincé
3 oignons nouveaux (ou cébettes), émincés
1 petit bouquet de persil, effeuillé
12 feuilles de basilic, ciselées
20 cl de lait de coco
1 cube de bouillon de légumes
50 cl d'eau

casserole Ø 20 cm

recette

Mettre tous les ingrédients dans la casserole et laisser cuire 10 à 15 minutes à feu moyen.

RIZ AU JAMBON CRU, TOMATE & MOZZA

Préparation : 40 minutes

pour 4 personnes

400 g de mélange de riz 3 couleurs, rincé et égoutté
100 g de jambon cru
250 g de tomates cerises
20 billes de mozzarella (150 g)
1 oignon, émincé
2 branches de thym
1 gousse d'ail, hachée

4 cuillerées à soupe d'huile d'olive
1 morceau de sucre
1,2 litre d'eau
1 pincée de sel
1 pincée de poivre

cocotte Ø 24 cm

recette

Faire chauffer l'huile dans la cocotte et faire revenir l'oignon, l'ail et les tomates avec le sucre. Ajouter le riz, le thym, le jambon et l'eau, et laisser cuire 30 minutes. Ajouter les billes de mozzarella, assaisonner puis mélanger avant de servir.

RIZ AU POULET, POIVRON & CACAHUÈTE

Préparation : 10 minutes
Cuisson : 20 minutes

pour 4 personnes

400 g de riz thaï, rincé et égoutté
2 blancs de poulet, coupés en morceaux de 3 cm
2 poivrons rouges, émincés
150 g de beurre de cacahuète
1 poignée de cacahuètes, grossièrement hachées
2 piments verts, émincés
1 oignon, émincé
1 gousse d'ail, hachée
1 petit bouquet de coriandre, effeuillé
2 cuillerées à soupe d'huile d'olive
1,2 litre d'eau
1 pincée de sel

cocotte Ø 24 cm

recette

Faire chauffer l'huile dans la cocotte et faire revenir l'oignon, l'ail, les poivrons, le poulet et les piments pendant 5 minutes. Ajouter le riz, l'eau, la moitié des cacahuètes hachées, la moitié de la coriandre, le sel et le beurre de cacahuète. Faire cuire à feu doux pendant 15 minutes. Servir avec le reste de coriandre et de cacahuètes hachées.

RIZ COCO & LÉGUMES

Préparation : 10 minutes
Cuisson : 30 minutes

pour 4 personnes

400 g de riz thaï, rincé et égoutté
150 g de petits pois surgelés
100 g de fleurettes de chou-fleur
100 g de fleurettes de brocoli
150 g de maïs en conserve, rincé et égoutté
2 petites carottes, coupées en petits dés
½ poivron rouge, coupé en petits dés
20 g de gingembre, haché

2 oignons nouveaux, émincés
20 cl de lait de coco
1 litre d'eau
4 cuillerées à soupe de sauce soja
1 pincée de poivre

casserole Ø 24 cm

recette

Mettre tous les ingrédients dans la casserole et laisser cuire 30 minutes environ sans remuer jusqu'à ce qu'il n'y ait plus d'eau dans la casserole.

RIZ GLUANT CREVETTE & CITRONNELLE

Préparation : 10 minutes + 2 heures de trempage
Cuisson : 35 minutes

pour 4 personnes

400 g de riz gluant, trempé minimum 2 heures dans de l'eau froide (jusqu'à 12 heures), rincé et égoutté
200 g de crevettes, décortiquées
1 bâton de citronnelle, coupé en 2 dans la longueur, puis dans la largeur
150 g d'ananas, coupé en petits morceaux
2 cuillerées à soupe de coriandre hachée
1 cuillerée à soupe d'échalote en poudre
1 cuillerée à soupe de pâte de curry, délayée dans un peu d'eau
2 cuillerées à soupe de sauce soja

cocotte Ø 24 cm + couvercle + saladier résistant à la chaleur Ø 24 cm

recette

Mettre tous les ingrédients dans le saladier et mélanger grossièrement.
Mettre le saladier dans la cocotte et verser de l'eau dans la cocotte jusqu'à mi-hauteur du saladier. Laisser cuire à couvert, à la vapeur, 35 minutes environ.

RIZ CANTONAIS

Préparation : 5 minutes
Cuisson : 20 minutes

pour 6 personnes

400 g de riz thaï, rincé et égoutté
100 g de petits pois surgelés
75 g de dés de jambon blanc
1 petite carotte, coupée en petits dés
50 g de mini crevettes roses
1 oignon nouveau ou cébette, émincé
2 gousses d'ail, hachées
2 œufs, légèrement battus

2 cuillerées à soupe d'huile d'olive
2 cuillerées à soupe de sauce soja
1 petit bouquet de ciboulette, ciselée
1,2 litre d'eau
1 pincée de sel
1 pincée de poivre

cocotte Ø 24 cm

recette

Faire chauffer l'huile dans la cocotte et faire revenir l'ail pendant 3 minutes. Réserver la moitié de la ciboulette et ajouter tous les autres ingrédients dans la cocotte. Faire cuire 15 minutes à feu doux. Servir avec le reste de ciboulette.

RIZ ROUGE AUX CALAMARS

Préparation : 10 minutes
Cuisson : 45 minutes

pour 4 personnes

150 g de riz rouge
500 g de calamars
400 g de pulpe de tomates en conserve
1 dosette de safran (2 g)
1 gousse d'ail, hachée
1 oignon, émincé
1 carotte, coupée en rondelles
6 branches de persil, effeuillées
75 cl d'eau
1 cuillerée à café de sel
1 pincée de poivre noir moulu

cocotte Ø 26 cm

recette

Mettre tous les ingrédients dans la cocotte et laisser cuire 45 minutes à feu doux.
Servir avec du persil frais ciselé.

POÊLÉE RIZ, POIREAU & CÉLERI-RAVE

Préparation : 10 minutes
Cuisson : 20 minutes

pour 4 personnes

2 gros poireaux, coupés en filaments dans la longueur
350 g de céleri-rave, râpé
125 g de riz long
2 cuillerées à soupe d'huile de coco
2 pincées de sel
2 pincées de poivre
37 cl d'eau
1 petit bouquet de persil ciselé, pour servir
2 cuillerées à soupe de noix de coco râpée, pour servir

cocotte Ø 30 cm

recette

Faire revenir le riz, les poireaux et le céleri-rave dans la cocotte avec l'huile de coco pendant 5 minutes. Ajouter l'eau, le sel et le poivre. Laisser mijoter 15 minutes à couvert. Servir avec la noix de coco râpée et le persil.

SOUPE VIETNAMIENNE

Préparation : 10 minutes
Cuisson : 30 minutes

pour 4 personnes

150 g de riz basmati
1 petite courgette, coupée en dés
40 g de gingembre, pelé et râpé
8 cives, ciselées
1 petit bouquet de coriandre, effeuillée
1 cube de bouillon de légumes
1 citron vert, pour servir
2 litres d'eau

casserole Ø 20 cm

recette

Mettre le riz, l'eau, la courgette, le bouillon et le gingembre dans la casserole avec la moitié de la coriandre et 6 cives ciselées. Cuire 30 minutes à feu moyen, en remuant régulièrement. Servir avec le reste de feuilles de coriandre et de cives. Ajouter le jus et le zeste du citron vert.

CURRY DE POULET

Préparation : 5 minutes
Cuisson : 40 minutes

pour 2 personnes

90 g de riz complet
225 g de blanc de poulet, en dés
2 cuillerées à café de curry
30 cl de lait de coco
50 g de pousses d'épinard
60 cl d'eau

2 cuillerées à soupe d'huile d'olive
Sel et poivre
1 petite poignée de coriandre, hachée

poêle ou sauteuse Ø 24 cm

recette

Faire chauffer l'huile dans la poêle et faire dorer les dés de poulet pendant 8 minutes. Saler, poivrer et ajouter le curry. Mettre le poulet d'un côté de la poêle. Faire revenir le riz 1 à 2 minutes de l'autre côté. Verser l'eau et porter à ébullition. Couvrir et laisser mijoter 30 minutes, jusqu'à ce que le riz soit tendre. Ajouter le lait de coco ainsi que les épinards et les laisser fondre. Servir dans deux bols et parsemer de coriandre.

GALETTE DE RIZ OIGNON & RICOTTA

Préparation : 5 minutes
Cuisson : 20 à 30 minutes

pour 4 personnes

250 g de riz blanc, cuit
2 œufs
125 g de ricotta
2 cuillerées à soupe d'huile d'olive
3 oignons nouveaux, émincés

2 pincées de sel
2 pincées de poivre

poêle antiadhésive Ø 28 cm

recette

Mélanger dans la poêle de façon homogène tous les ingrédients en réservant 1 cuillerée à soupe d'huile d'olive. Faire dorer à feu moyen pendant 10 à 15 minutes puis faire glisser la galette dans une assiette. Huiler la poêle et retirer l'excédent. Remettre la galette dedans de façon à faire dorer l'autre côté Laisser dorer 10 à 15 minutes.

BOWLS GOURMANDS

Savourez un délicieux repas grâce à ces bowls colorés, équilibrés et super complets.

BIBIMBAP AU BŒUF

Préparation : 15 minutes
Cuisson : 1 minute

pour 1 personne

150 g de riz complet, cuit
80 g de bœuf tendre, émincé
80 g d'épinards, cuits et égouttés
80 g de courgettes surgelées, grillées et réchauffées
60 g de pousses de haricot mungo
1 petite carotte, râpée
50 g de kimchi
1 petite gousse d'ail, pressée
1 cuillerée à soupe de sauce soja sucrée
1 cuillerée à soupe d'huile végétale
1 cuillerée à soupe de graines de sésame, en topping
4 cuillerées à soupe de sauce coréenne (page 182), pour servir
Poivre

recette

Blanchir les pousses de haricot mungo 10 secondes dans de l'eau bouillante, égoutter. Mélanger le bœuf émincé avec la sauce soja sucrée et la gousse d'ail pressée. Poivrer. Chauffer l'huile dans une poêle et faire revenir le bœuf sur feu vif 1 minute en remuant vivement. Mettre le riz dans un grand bol ou une assiette creuse. Disposer tous les légumes côte à côte de façon harmonieuse. Ajouter le bœuf avec le jus de cuisson. Parsemer de graines sésame et servir avec la sauce. Déguster en mélangeant tout.

BIBIMBAP AU SAUMON FUMÉ

Préparation : 20 minutes

pour 2 personnes

300 g de riz blanc, cuit
120 g de saumon fumé
4 asperges vertes, cuites 1 min 30 dans de l'eau bouillante salée et émincées
60 g de pousses de haricot mungo, blanchies 10 secondes dans de l'eau bouillante
60 g d'edamame, cuits écossés (environ 140 g avec cosses)
150 g de feuilles d'épinard, cuites 30 secondes à la poêle avec un peu d'huile
⅓ de concombre, coupé en tronçons
4 radis, coupés en fines lamelles
80 g de kimchi
50 g de gingembre mariné
1 bol de sauce coréenne (page 182) ou de sauce soja & gingembre (page 184), pour servir

recette

Mettre le riz dans des grands bols ou des assiettes creuses. Disposer le saumon au centre, puis ajouter la garniture autour du saumon. Servir avec la sauce.

BIBIMBAP VEGGIE

Préparation : 15 minutes
Cuisson : 5 minutes

pour 1 personne

150 g de riz complet, cuit
80 g d'épinards frais
80 g de haricots coco plats, émincés
60 g de pousses de haricot mungo
150 g de mélange de champignons surgelés, cuits
50 g de chou rouge, émincé finement
50 g de kimchi
1 œuf
1 cuillerée à café d'huile végétale
4 cuillerées à soupe de sauce coréenne (page 182), pour servir

recette

Porter une casserole d'eau salée à ébullition. Plonger les haricots plats pour 1 minute. Les retirer avec une écumoire. Hors du feu, plonger les feuilles d'épinard et les pousses de haricot mungo 30 secondes puis les égoutter. Retirer l'eau des épinards en les pressant entre les mains. Cuire l'œuf au plat dans une poêle antiadhésive avec l'huile. Remplir un grand bol ou une assiette creuse de riz. Poser l'œuf au plat au centre du bol. Disposer harmonieusement chaque garniture autour de l'œuf. Pour déguster, verser la sauce puis tout mélanger.

DÉLICE DU BOUDDHA

Préparation : 15 minutes
Cuisson : 10 minutes

pour 2 personnes

200 g de riz blanc, cuit
100 g de vermicelles de haricot mungo réhydratés (poids sec)
6 petits shiitakés réhydratés + 10 cl d'eau de trempage, pour la cuisson
10 g de champignons noirs réhydratés, coupés grossièrement (poids sec)
100 g de tofu, coupé en cubes
1 carotte, coupée en fines lamelles
15 g de gingembre, en julienne
1 cuillerée à café de poivre concassé
200 g de chou chinois, coupé en morceaux (5 grandes feuilles)
1 bol de sauce d'huître à l'ail frit (page 183)
1 cuillerée à soupe de sauce d'huître
1 cuillerée à café de graines de sésame grillées, en topping

recette

Mettre tous les ingrédients (sauf le riz) dans une sauteuse avec la sauce d'huître à l'ail frit, la sauce d'huître et l'eau de trempage des champignons. Couvrir et laisser cuire 10 minutes environ, en remuant de temps en temps. Goûter et ajuster l'assaisonnement si besoin. Mettre le riz dans un grand bol ou une assiette creuse. Répartir le délice du Bouddha. Parsemer de graines de sésame. Pour une version vegan, on peut remplacer la sauce d'huître par une sauce végétale aux champignons.

BŒUF TATAKI, SAUCE PONZU & OIGNON FRIT

Préparation : 20 minutes
Cuisson : 1 minute

pour 2 personnes

300 g de riz blanc, cuit
150 g de bœuf tendre (filet, fondue, merlan…), ou de rosbif, cuit saignant
½ avocat, coupé en deux ou en cubes
½ trévise, émincée
60 g de roquette
2 cuillerées à soupe d'oignon frit
8 brins de ciboulette, ciselés
5 g de gingembre, râpé
½ citron vert
3 cuillerées à soupe d'huile d'olive
3 cuillerées à soupe de sauce ponzu
1 cuillerée à café de graines de sésame grillées, en topping

recette

Émincer la viande en tranches fines. Mélanger la sauce ponzu, le jus de citron vert et l'huile d'olive. Poivrer. Mettre le riz sur le côté d'un grand bol ou d'une assiette creuse. Mettre les salades et l'avocat de l'autre côté. Poser la viande sur le riz. Ajouter sur la viande la ciboulette, le gingembre et l'oignon frit. Parsemer de graines de sésame et déguster en nappant de sauce.

TATAKI DE THON, ANANAS & AVOCAT

Préparation : 15 minutes
Cuisson : 4 minutes

pour 2 personnes

300 g de riz blanc, cuit et chaud
200 g de thon (pavé de 4 cm d'épaisseur)
100 g de chou rouge, émincé finement
100 g de salade d'algues
½ radis blue meat ou 6 radis roses, émincés finement
½ avocat, coupé en tranches
80 g d'edamame, cuits et écossés
¼ d'ananas, coupé en tranches
1 cuillerée à soupe d'huile d'olive, pour la cuisson
2 cuillerées à soupe d'oignons frits, en topping
1 bol de sauce soja & gingembre (page 184), pour servir
Sel et poivre

recette

Saler et poivrer le pavé de thon. Chauffer l'huile dans une poêle et le cuire 1 minute sur toutes les faces. Le couper en tranches de 3-4 mm. Mettre le riz sur le côté d'un bol ou d'une assiette creuse. Disposer les crudités, la salade d'algues, les edamame et l'ananas de l'autre côté. Déposer le thon sur le riz. Ajouter les oignons frits. Servir avec la sauce soja & gingembre.

SARDINES À LA THAÏE

Préparation : 15 minutes
Cuisson : 5 minutes

pour 1 personne

150 g de mélange de riz 3 couleurs, cuit
1 boîte de sardines à la tomate
¼ de citron vert
½ échalote, émincée finement
2 radis, coupés en fines rondelles

1 poignée de roquette
1 carotte râpée
3 brins de coriandre, en topping
½ piment, émincé, en topping
Sauce nuoc-mâm (page 183), pour servir

recette

Mettre le riz dans un grand bol ou une assiette creuse. Chauffer les sardines avec leur sauce tomate dans une poêle. Hors du feu, verser le jus de citron vert et déposer l'ensemble sur un côté du bol. Ajouter les crudités. Parsemer de coriandre et de piment selon les goûts. Napper les crudités de sauce nuoc-mâm puis servir.

RIZ SAUTÉ AUX LÉGUMES & AU TEMPEH

Préparation : 25 minutes
Cuisson : 6 minutes

pour 2 personnes

300 g de riz blanc froid de la veille
100 g de tempeh, coupé en dés
1 carotte, coupée en petits dés
½ poivron rouge, coupé en petits dés
80 g de brocoli, coupé en petits morceaux
½ oignon rouge, ciselé
15 g de gingembre, coupé en dés
3 cuillerées à soupe d'huile végétale
4 cuillerées à soupe de sauce soja
1 cuillerée à café de curcuma ou de curry en poudre
2 cuillerées à soupe de baies de goji, en topping
60 g de noix de cajou, en topping
8 brins de coriandre, en topping
½ citron vert, pour servir

recette

Mélanger le riz avec le curcuma et 2 cuillerées à soupe de sauce soja. Chauffer l'huile dans une sauteuse. Faire revenir le tempeh et tous les légumes pendant 2 à 3 minutes. Ajouter la sauce soja restante. Mélanger, ajouter le riz et cuire 2 à 3 minutes. Goûter, ajuster l'assaisonnement. Répartir dans les bols. Ajouter les baies de goji, les noix de cajou et les feuilles de coriandre. Servir avec un filet de jus de citron vert.

PORC AU BASILIC THAÏ & ŒUF AU PLAT

Préparation : 25 minutes
Cuisson : 5 minutes

pour 2 personnes

300 g de riz thaï, cuit
250 g de porc, haché
2 gousses d'ail, hachées
½ oignon rouge, émincé
¼ de poivron rouge, émincé
½ piment vert, émincé
2 cuillerées à soupe de sauce soja sucrée
100 g de haricots verts cuits croquants, coupés en deux
1,5 cuillerée à soupe de nuoc-mâm
½ botte de basilic thaï
2 œufs
2 cuillerées à soupe d'huile végétale
Sriracha, pour servir (facultatif)

77

recette

Mélanger le porc avec les sauces et l'ail. Chauffer la moitié de l'huile dans une poêle. Cuire le porc 2 minutes sur feu vif, puis ajouter le reste des légumes. Cuire 3 minutes. Hors du feu, ajouter le basilic. Mélanger, disposer dans les assiettes ou bols préalablement garnis de riz. Cuire les œufs au plat avec le reste d'huile. Déposer sur le riz. On peut assaisonner l'œuf avec de la sauce sriracha.

RIZ AU CURCUMA, POULET TIKKA & TZATZIKI

Préparation : 10 minutes

pour 1 personne

100 g de riz au curcuma & épices (page 188)
80 g de poulet tikka du commerce, réchauffé
100 g de tzatziki (page 181)
100 g de tomates, coupées en quartiers ou en cubes
60 g de chou rouge et blanc, râpé finement
2 cuillerées à soupe de noix de cajou grillées, concassées, en topping
1 brin de menthe, ciselé, en topping
½ citron vert, pour servir

recette

Mettre tous les éléments côte à côte de façon harmonieuse dans un grand bol ou une assiette creuse. Parsemer de menthe et de noix de cajou. Servir avec un filet de jus de citron vert.

TEX-MEX

Préparation : 10 minutes
Cuisson : 8 minutes

pour 1 personne

80 g de riz complet, cuit
80 g de haricots rouges, égouttés
80 g de maïs, cuit ou en conserve
100 g de poivrons surgelés
100 g de poulet à la mexicaine du commerce, réchauffé
¼ d'oignon rouge, ciselé
½ sucrine
1 filet d'huile d'olive
½ cuillerée à café de piment en poudre, en topping
5 brins de coriandre, en topping
3 cuillerées à soupe de guacamole, pour servir
½ citron vert, pour servir

recette

Cuire les poivrons 8 minutes à la poêle avec un peu d'huile d'olive. Assaisonner généreusement. Couper le poulet réchauffé en morceaux. Disposer tous les éléments côte à côte de façon harmonieuse dans un grand bol ou une assiette creuse. Parsemer de coriandre et de piment en poudre. Servir avec le guacamole et un filet de jus de citron vert.

RIZ, YAKITORI, CHOU & EDAMAME

Préparation : 10 minutes

pour 1 personne

150 g de mélange de riz 3 couleurs, cuit
4 brochettes yakitori du commerce, réchauffées
60 g de salade d'algues à la japonaise
80 g de chou rouge et blanc, émincé finement à la mandoline
¼ de concombre, coupé en rondelles
60 g d'edamame, cuits et écossés (120 g crus)
2 cuillerées à soupe de sauce soja sucrée
1 cuillerée à café d'huile de sésame
1 cuillerée à café de piment en poudre, en topping
1 tige de ciboule, émincée, en topping

recette

Mélanger la sauce soja et l'huile de sésame. Mettre le riz dans un grand bol ou une assiette creuse. Disposer les garnitures sur le dessus de façon harmonieuse. Parsemer de ciboule et de piment. Verser la sauce sur les crudités.

BUDDHA BOWL CURRY

Préparation : 15 minutes

pour 1 personne

100 g de riz au curcuma & épices (page 186)
100 g de curry de légumes surgelé, réchauffé
1 poignée de pousses d'épinard
1 petite carotte, râpée
½ petite betterave chioggia, coupée en tranches fines
50 g de grains de raisin
100 g de yaourt grec, égoutté
1 brin de coriandre
¼ de citron vert
2 cuillerées à soupe d'amandes effilées grillées, pour servir
Sel et poivre

recette

Mélanger le yaourt avec la coriandre hachée, le zeste du citron vert et son jus. Saler, poivrer. Disposer tous les éléments côte à côte de façon harmonieuse dans un grand bol ou une assiette creuse. Parsemer d'amandes et servir avec la sauce au yaourt.

BUDDHA BOWL KALE, TOFU, KAKI & COURGE

Préparation : 15 minutes
Cuisson : 6 minutes

pour 1 personne

120 g de riz noir, cuit
100 g de tofu au sésame, coupé en cubes
100 g de potimarron, coupé en fins quartiers
50 g de carotte, râpée (1 petite)
25 g de feuilles de chou kale sans la tige centrale, émincées
½ kaki, coupé en fines tranches ou en cubes
1 cuillerée à soupe d'huile d'olive
3 cuillerées à soupe de houmous de betterave (page 181)
1 cuillerée à soupe de mélange de graines, en topping
3 cuillerées à soupe de sauce miso & agrumes (page 184), pour servir

recette

Chauffer l'huile dans une poêle. Assaisonner les quartiers de potimarron et les faire cuire sur feu moyen 3 minutes sur chaque face. Disposer tous les éléments côte à côte dans un grand bol ou une assiette creuse. Parsemer de graines et servir avec la sauce miso & agrumes.

STEAK BOWL

Préparation : 15 minutes
Cuisson : 2 minutes

pour 1 personne

150 g de riz complet, cuit
100 g de faux-filet
¼ d'ananas frais, coupé en tranches
⅓ de concombre, coupé en lanières fines à la mandoline
5 radis, émincés finement à la mandoline
30 g de mesclun
50 g de pickles de légumes
1 cuillerée à soupe de sauce soja
1 cuillerée à café de miel
1 cuillerée à soupe d'huile végétale
1 cuillerée à soupe d'oignons frits, en topping
2 cuillerées à soupe de noix de cajou grillées et salées, en topping
½ piment, émincé, en topping (facultatif)
4 cuillerées à soupe de sauce nems, pour servir

recette

Mettre le riz dans un grand bol ou une assiette creuse. Disposer les crudités, l'ananas et les pickles sur le dessus de façon harmonieuse. Mélanger la sauce soja et le miel. Chauffer l'huile dans une poêle et saisir le steak sur feu vif 1 minute. Verser la sauce, retourner le steak et cuire 1 minute supplémentaire. Couper la viande en cubes et ajouter au bol, en versant le jus de cuisson. Parsemer d'oignons frits, de noix de cajou et de piment. Servir avec la sauce nems.

POKE SAUMON, MANGUE & AVOCAT

Préparation : 15 minutes

pour 1 personne

150 g de riz semi-complet, cuit
120 g de pavé de saumon frais, coupé en cubes
¼ de mangue, coupée en cubes
½ avocat, coupé en lamelles
¼ de concombre, émincé finement
1 petite carotte, râpée
1 petit quartier de chou rouge, émincé finement à la mandoline
1 cuillerée à café de graines de sésame grillées, en topping
3 cuillerées à soupe de sauce poke (page 182), pour servir

recette

Mettre le riz dans un grand bol ou une assiette creuse. Disposer les éléments harmonieusement. Saupoudrer de graines de sésame et napper de sauce.

POKE SAUMON, ŒUFS DE TRUITE & RADIS

Préparation : 15 minutes

pour 1 personne

150 g de riz semi-complet, cuit
120 g de pavé de saumon frais, coupé en tranches fines
2 cuillerées à soupe d'œufs de truite
¼ de concombre, émincé finement à la mandoline
½ radis red meat ou 5 radis roses, émincé, finement à la mandoline
80 g de pois gourmands, coupés en deux et cuits croquants
10 g de gingembre mariné japonais
⅓ de feuille de nori, coupée en lanières, en topping
3 cuillerées à soupe de sauce poke (page 182), pour servir

recette

Mettre le riz dans un grand bol ou une assiette creuse. Disposer les éléments harmonieusement. Saupoudrer de nori. Napper de sauce poke.

POKE SAUMON FUMÉ & POMÉLO

Préparation : 15 minutes

pour 1 personne

150 g de mélange de riz 3 couleurs, cuit
2 tranches de saumon fumé
4 asperges vertes, émincées finement à la mandoline
½ pomélo rose, détaillé en segments
½ petit avocat, coupé en lamelles
1 belle poignée de roquette
1 cuillerée à soupe de pistaches, concassées, en topping
3 à 4 cuillerées à soupe de sauce miso & agrumes (page 184)

recette

Mettre le riz dans un grand bol ou une assiette creuse. Disposer tous les éléments harmonieusement sur le riz. Saupoudrer de pistaches et napper de sauce.

POKE THON, ANANAS & SALADE D'ALGUES

Préparation : 15 minutes

pour 1 personne

150 g de riz rond, cuit
120 g de thon frais, coupé en cubes
75 g de salade d'algues à la japonaise
50 g d'edamame, cuits et écossés (120 g crus non écossés)
½ petit avocat, coupé en cubes
1 petite poignée de chou rouge, émincé finement à la mandoline
¼ d'ananas, coupé en tranches ou en cubes
1 petit morceau de radis blue meat, émincé finement à la mandoline
1 petite cuillerée à café de graines de sésame noir, en topping
3 cuillerées à soupe de sauce poke (page 182), pour servir

recette

Mettre le riz dans un grand bol ou une assiette creuse. Disposer tous les éléments harmonieusement sur le riz. Saupoudrer de graines de sésame noir. Napper de sauce.

POKE SPICY TUNA

Préparation : 15 minutes

pour 1 personne

150 g de riz rond, cuit
120 g de thon frais, coupé en cubes
80 g de haricots verts cuits, coupés en deux ou en trois
60 g de maïs, cuit ou en conserve
¼ de concombre, coupé en cubes
¼ de mangue, coupée en cubes
5 radis, coupés finement en lamelles
¼ de citron
2 cuillerées à soupe de sauce soja sucrée
2 cuillerées à soupe de sauce piquante sriracha
2 cuillerées à soupe de mayonnaise
1 tige de ciboule, émincée, en topping
1 cuillerée à soupe d'oignons frits, en topping

recette

Mélanger le thon avec 1 cuillerée à soupe de sauce soja sucrée et 1 cuillerée à soupe de sauce sriracha. Préparer la sauce : mélanger la mayonnaise avec le reste de sauce soja et de sauce sriracha. Ajouter un filet de jus de citron. Mettre le riz dans un grand bol ou une assiette creuse. Disposer tous les éléments harmonieusement sur le riz. Ajouter le thon avec la marinade. Napper de sauce et parsemer de ciboule et d'oignons frits.

POKE VELVET AU THON

Préparation : 15 minutes

pour 1 personne

120 g de riz noir, cuit
100 g de thon frais, coupé en cubes
60 g de betterave cuite, coupée en cubes
1 petite endive rouge, coupée en morceaux
½ pomélo rose, en segments
30 g de chou rouge, émincé finement à la mandoline
½ radis red meat, émincé finement à la mandoline
2 cuillerées à soupe de graines de grenade, en topping
3 à 4 cuillerées à soupe de sauce miso & agrumes (page 184), pour servir

recette

Dans un grand bol ou une assiette creuse, disposer tous les éléments côte à côte de façon harmonieuse. Parsemer de graines de grenade et napper de sauce.

POKE DAURADE, ORANGE & FENOUIL

Préparation : 15 minutes

pour 1 personne

100 g de riz complet, cuit
100 g de filet de daurade, coupé en tranches
100 g de petits pois, cuits
½ petit fenouil, émincé finement à la mandoline
¼ d'avocat
1 petite orange bio, coupée en rondelles
1 grosse poignée de roquette
1 cuillerée à soupe de mélange de graines, en topping
3 à 4 cuillerées à soupe de sauce miso & agrumes (page 184), pour servir

recette

Mettre le riz dans un grand bol ou une assiette creuse. Disposer tous les éléments harmonieusement sur le riz. Saupoudrer du mélange de graines. Napper de sauce.

POKE LECHE DE TIGRE

Préparation : 20 minutes
Repos : 15 minutes

pour 1 personne

100 g de poisson blanc frais, en cubes (daurade, cabillaud, lieu, etc.)
100 g de mélange de riz 3 couleurs, cuit
80 g de patate douce, cuite en cubes
50 g de maïs, cuit ou en conserve
¼ de concombre, émincé finement à la mandoline
¼ d'ananas, coupé en fines tranches ou en cubes
¼ d'oignon rouge, émincé finement
20 cl de lait de coco
½ piment vert, épépiné
1 citron vert bio
1 gousse d'ail, hachée
½ branche de céleri, coupée en morceaux
½ bouquet de coriandre, effeuillée
10 g de gingembre frais, râpé
Sel

recette

Pour le leche de tigre, mixer au blender le lait de coco avec le zeste et le jus du citron vert, le gingembre, le piment, le céleri, l'ail et la coriandre. Saler. Verser la moitié du leche de tigre sur le poisson. Ajouter l'oignon et laisser mariner 15 minutes au frais. Disposer les éléments dans une grande assiette creuse. Verser le poisson avec la marinade.

POKE CREVETTES, ANANAS & AVOCAT

Préparation : 15 minutes

pour 1 personne

150 g de riz semi-complet, cuit
125 g de crevettes, cuites
2 cuillerées à soupe de noix de cajou, grillées
¼ d'ananas, coupé en morceaux
¼ de concombre, coupé en cubes
½ avocat, coupé en cubes
1 brin de menthe, ciselé
5 brins de coriandre, ciselés
3 cuillerées à soupe de sauce poke (page 182)

recette

Mettre le riz dans un grand bol ou une assiette creuse. Disposer les éléments harmonieusement. Ajouter les noix de cajou et les herbes. Napper de sauce poke.

CHIRASHI SAUMON & ŒUFS DE TRUITE

Préparation : 20 minutes

pour 2 personnes

300 g de riz japonais, cuit et chaud
3 cuillerées à soupe de vinaigre à sushi
180 g de filet de saumon, coupé en tranches de 4-5 mm
100 g de pois gourmands, cuits et coupés en deux
¼ de concombre, coupé en fines lamelles
4 radis roses, coupés finement
⅓ de radis red meat, coupé finement
2 grosses cuillerées à soupe d'œufs de truite
60 g de gingembre mariné
Nori en lanières, en topping
Wasabi, pour servir
Sauce soja, pour servir
½ citron, pour servir

recette

Mélanger le riz chaud avec le vinaigre à sushi. Mettre le riz tiède dans un grand bol ou une assiette creuse. Disposer les légumes de façon harmonieuse. Poser le saumon sur le riz. Ajouter les œufs de truite, le gingembre et le nori. Mélanger la sauce soja au wasabi. Ajouter un filet de jus de citron sur les légumes. Déguster en trempant le saumon dans la sauce soja au wasabi.

CHIRASHI CREVETTES & TARAMA

Préparation : 20 minutes
Cuisson : 5 minutes

pour 2 personnes

300 g de riz japonais, cuit et chaud
3 cuillerées à soupe de vinaigre à sushi
12 crevettes cuites, décortiquées
2 œufs
1 cuillerée à soupe d'huile végétale
1 cuillerée à soupe de sauce soja
1 mini concombre, coupé en rondelles
ou ⅓ de concombre, coupé en demi-rondelles
100 g de pois gourmands, cuits et coupés en deux
6 radis, coupés en fines lamelles
2 grosses cuillerées à soupe de tarama
1 cuillerée à café de graines de sésame noir,
en topping
½ citron, coupé en deux, pour servir
Huile d'olive (facultatif), pour servir
Sauce soja (facultatif), pour servir

recette

Battre les œufs avec la sauce soja. Chauffer l'huile dans une poêle et réaliser 2 omelettes fines. Rouler les omelettes et les émincer en fines lanières. Mélanger le riz chaud avec le vinaigre à sushi. Mettre le riz tiède dans un grand bol ou une assiette creuse. Répartir l'omelette sur le riz. Déposer les légumes de façon harmonieuse. Ajouter les crevettes et le tarama puis saupoudrer de graines de sésame. Servir avec un quart de citron. Le tarama et le citron servent d'assaisonnement. On peut aussi ajouter un filet d'huile d'olive et un peu de sauce soja sur les légumes.

CHIRASHI POISSONS FUMÉS

Préparation : 20 minutes

pour 2 personnes

300 g de riz japonais, cuit et tiède
2 tranches de saumon ou de truite fumée
100 g d'anguille fumée, coupée en morceaux
100 g de merlu, de lieu ou de thon fumé, coupé en morceaux
2 grosses cuillerées à soupe d'œufs de truite
½ avocat, coupé en cubes
½ fenouil, émincé très finement
½ pomme verte, émincée finement
80 g de pousses d'épinard
1 bol de sauce soja & gingembre (page 184), pour servir

recette

Mettre le riz dans un grand bol ou une assiette creuse. Disposer tous les éléments de façon harmonieuse. Servir en nappant les crudités de sauce.

CHIRASHI THON, CACAHUÈTE & MANGUE

Préparation : 20 minutes

pour 2 personnes

300 g de riz japonais, cuit et tiède
180 g de thon, coupé en cubes
2 feuilles de chou chinois, émincées
80 g de mâche
1 petit cœur de laitue
½ mangue, coupée en fines lamelles
2 brins de menthe, grossièrement ciselés
4 brins de coriandre, grossièrement ciselés
2 cuillerées à café d'oignons frits, en topping
2 cuillerées à soupe de cacahuètes grillées salées, en topping
1 bol de sauce cacahuète (page 185), pour servir
Huile pimentée ou sriracha

recette

Mélanger le chou avec la moitié des herbes. Mélanger le thon avec 3 cuillerées à soupe de sauce cacahuète, le reste d'herbes et de l'huile pimentée selon ses goûts. Mettre le riz sur un côté du bol. Disposer les crudités et la mangue de l'autre côté. Répartir le thon sur le riz. Parsemer de cacahuètes et d'oignons frits. Servir en nappant les crudités de sauce.

ASSIETTES COMPLÈTES

Découvrez des recettes pour tous les appétits : des salades pour les petites faims, des plats végétariens et végétaliens rassasiants, et d'autres, plus consistants, avec de la viande ou du poisson.

CREVETTES & ANANAS À LA CARIBÉENNE

Préparation : 15 minutes

pour 2 personnes

250 g de riz complet, cuit (100 g cru)
200 g de crevettes sautées (avec 1,5 cuillerée à café d'épices jamaïcaines), décortiquées en laissant la queue
1 avocat, pelé, dénoyauté et coupé en lamelles
150 g d'ananas, coupé en dés
3 à 4 cuillerées à soupe de sauce miso & agrumes (page 184), mélangée avec ½ cuillerée à café d'épices jamaïcaines
Sel et poivre
1 petite poignée de feuilles de coriandre, finement hachées

recette

Mélanger le riz avec la sauce. Disposer dans deux assiettes. Garnir de crevettes, d'ananas et d'avocat. Saler, poivrer et parsemer de coriandre.

SALADE DE RIZ SAUVAGE & SAUMON

Préparation : 15 minutes

pour 2 personnes

200 g de riz sauvage, cuit (80 g cru)
150 g de saumon cuit, émietté
125 g de haricots blancs
50 g de mesclun
40 g d'olives de Kalamata, coupées en deux
3 à 4 cuillerées à soupe de sauce au tahin (page 184)
Sel et poivre

recette

Mélanger le riz, les haricots, la salade et les olives avec la sauce. Servir dans deux assiettes et garnir de saumon. Ajouter un peu de sauce, saler et poivrer.

SALADE DE BŒUF THAÏ

Préparation : 15 minutes

pour 2 personnes

250 g de riz noir, cuit (100 g cru)
200 g de bavette cuite, coupée en tranches
50 g de concombre, coupé en rondelles
50 g de petites feuilles de laitue romaine
3 à 4 cuillerées à soupe de sauce soja & gingembre (page 184)
Sel et poivre

recette

Mélanger le riz, la bavette, le concombre et la laitue dans un saladier avec la sauce.
Servir dans deux bols et assaisonner.

CHAIR À SAUCISSE, KALE & RIZ COMPLET

Préparation : 10 minutes
Cuisson : 15 minutes

pour 2 personnes

100 g de riz complet
3 cuillerées à soupe d'huile d'olive
200 g de chair à saucisse de qualité
1 bouquet de chou kale frisé
½ cuillerée à café de piment moulu
½ cuillerée à café de cumin moulu
¼ de cuillerée à café de paprika fumé
1 pincée de piment séché émietté
Sel et poivre

recette

Faire cuire le riz suivant les instructions figurant sur l'emballage. Faire cuire la chair à saucisse dans une grande poêle, avec 1 cuillerée à soupe d'huile d'olive, jusqu'à ce qu'elle soit dorée et croustillante. Préchauffer le four à 140 °C. Mélanger le kale et 2 cuillerées à soupe d'huile d'olive. Assaisonner avec le piment moulu, le cumin et le paprika. Bien remuer. Disposer le kale sur une plaque recouverte de papier sulfurisé, saler et poivrer généreusement. Faire cuire 15 minutes au four, jusqu'à ce que le kale soit croustillant, sans le laisser brûler. Répartir le riz dans deux grands bols, déposer la chair à saucisse et les chips de kale sur le dessus. Parsemer de piment séché émietté.

CHOU KALE, ŒUF & RIZ COMPLET

Préparation : 10 minutes

pour 2 personnes

100 g de chou kale cuit à la vapeur, salé et poivré
200 g de riz complet, cuit (80 g cru)
1 avocat, pelé, dénoyauté et coupé en lamelles
60 g de harissa
2 œufs, cuits au plat
Sel et poivre

recette

Servir le riz complet, le chou kale et l'avocat dans deux assiettes. Garnir chacun de 2 à 3 cuillerées à soupe de harissa et de 1 œuf au plat. Saler et poivrer.

KIMCHI & RIZ SAUTÉS

Préparation : 10 minutes
Cuisson : 10 minutes

pour 2 personnes

230 g de kimchi, haché
300 g de riz blanc, cuit
3 cl de gochujang
(pâte de piment rouge coréenne)
2 cl d'huile de sésame grillé
4 œufs
50 g de germes de pois mange-tout
1 cuillerée à soupe de graines de sésame grillées
Huile d'olive

recette

Faire chauffer 1 cuillerée à soupe d'huile d'olive dans une poêle. Égoutter le kimchi en réservant le liquide. Le faire sauter 1 à 2 minutes. Ajouter le riz, le liquide réservé, un peu d'eau et le gochujang, puis poursuivre la cuisson 5 minutes. Incorporer l'huile de sésame et casser les œufs directement dans le riz. Remuer avec une fourchette jusqu'à ce que les œufs soient juste cuits. Répartir dans deux grands bols et déposer les germes et les graines de sésame sur le dessus.

HACHIS DE BROCOLI & RIZ NOIR

Préparation : 15 minutes
Cuisson : 10 minutes

pour 2 personnes

240 g de fleurettes de brocoli
40 g de noix de cajou
2 gousses d'ail, émincées
1 long piment rouge, finement émincé
300 g de riz noir, cuit
Le zeste finement râpé et le jus de 1 citron
20 g de parmesan râpé
Huile d'olive
Sel et poivre

recette

Hacher très finement le brocoli et les noix de cajou dans un robot. Faire chauffer un peu d'huile d'olive dans une grande poêle sur feu vif. Ajouter l'ail et le piment et laisser cuire 1 à 2 minutes, jusqu'à ce qu'ils soient tendres. Incorporer le brocoli et les noix de cajou hachés et faire sauter : le mélange doit être à peine doré. Saler et poivrer généreusement. Répartir le riz dans deux grands bols et déposer le hachis de brocoli sur le dessus. Arroser de jus de citron et parsemer de zeste de citron et de parmesan.

SALADE RIZ NOIR, FIGUE & CHOU KALE

Préparation : 15 minutes

pour 2 personnes

250 g de riz noir, cuit (100 g cru)
75 g de chou noir de Toscane, coupé à la main
100 g de courge delicata rôtie, coupée en morceaux
30 g de figues, coupées en deux ou en quatre
20 g de noix de pécan, hachées
3 à 4 cuillerées à soupe de sauce miso & agrumes (page 184)
Sel et poivre

recette

Mélanger le riz noir avec le chou noir et 1 à 2 cuillerées à soupe de sauce. Servir dans deux assiettes. Ajouter la courge, les figues et les noix de pécan. Arroser du reste de sauce, saler et poivrer.

PATATE DOUCE RÔTIE, PICKLES & RIZ NOIR

Préparation : 15 minutes

pour 2 personnes

250 g de riz noir, cuit (100 g cru)
250 g de patate douce, coupée en dés et rôtie
120 g de chou rouge, finement émincé
15 g de pickles d'oignon rouge
2 à 3 cuillerées à soupe de sauce à la moutarde (p. 186)
Sel et poivre

recette

Mélanger le chou avec 1 cuillerée à soupe de sauce et une pincée de sel. Le masser avec la sauce pour l'attendrir. Servir le riz noir avec les patates douces et le chou dans deux assiettes. Garnir de pickles d'oignon rouge et arroser du reste de sauce. Saler et poivrer.

DUO RIZ & LENTILLES

Préparation : 10 minutes
Cuisson : 30 minutes

pour 2 personnes

200 g de lentilles corail, rincées
15 g de ghee (ou de beurre)
1 cuillerée à café de garam masala
1 cuillerée à café de graines de cumin
100 g de riz blanc, cuit
1 grosse poignée de coriandre, hachée
Sel et poivre

recette

Mettre les lentilles dans une casserole et les recouvrir d'eau (3 cm au-dessus). Porter à ébullition, retirer l'écume qui se forme, incorporer la moitié du ghee ou du beurre, puis ajouter le garam masala. Faire cuire 20 minutes, jusqu'à ce que les lentilles soient bien tendres et que l'eau soit absorbée sans que la casserole soit complètement sèche. Faire chauffer le reste de ghee ou de beurre dans une poêle. Ajouter les graines de cumin et les faire légèrement dorer. Incorporer les lentilles, remuer. Saler, poivrer. Répartir le riz dans deux grands bols et déposer les lentilles et la coriandre sur le dessus.

TOFU, CAROTTES & RIZ COMPLET

Préparation : 20 minutes
Cuisson : 25 minutes

pour 2 personnes

300 g de tofu ferme, égoutté
et coupé en cubes de 1 cm
1 cuillerée à soupe d'huile d'arachide
300 g de carottes, grossièrement hachées
300 g de riz complet, cuit
50 g de cacahuètes, légèrement grillées
1 grosse poignée d'aneth
Le jus de 1 citron
Sel et poivre

recette

Préchauffer le four à 220 °C. Étaler le tofu sur une plaque recouverte de papier sulfurisé, l'arroser d'huile et le faire cuire 25 minutes jusqu'à ce qu'il soit doré et croustillant. Faire cuire les carottes à la vapeur. Quand elles sont très tendres, les couper en morceaux. Répartir le tofu, les carottes et le riz dans deux grands bols. Déposer les cacahuètes et l'aneth ciselé sur le dessus. Saler, poivrer et arroser de jus de citron.

COURGE, AVOCAT & RIZ ROUGE À LA MEXICAINE

Préparation : 10 minutes
Cuisson : 30 minutes

pour 2 personnes

½ courge poivrée (environ 500 g), épépinée et coupée en tranches de 1 cm d'épaisseur
1 oignon, finement haché
200 g de riz rouge
2 cuillerées à café de chipotle en sauce adobo
1 avocat, dénoyauté, pelé et coupé en petits morceaux
Le jus de 2 citrons verts
Huile d'olive
Sel et poivre

recette

Préchauffer le four à 200 °C. Mélanger la courge avec de l'huile d'olive et l'étaler sur une plaque. Saler, poivrer. La faire cuire au four jusqu'à ce qu'elle soit tendre. Faire cuire l'oignon dans une poêle avec un peu d'huile. Quand il est à peine doré, incorporer le riz et le chipotle en sauce adobo. Suivre les instructions figurant sur l'emballage du riz pour une cuisson pilaf. Le répartir dans deux grands bols et déposer la courge rôtie et l'avocat sur le dessus. Arroser de jus de citron vert, saler et poivrer.

RIZ GLUANT, EDAMAME & DUO DE SÉSAME

Préparation : 10 minutes
Cuisson : 25 minutes

pour 2 personnes

100 g de riz gluant
20 ml de vinaigre de riz
200 g d'edamame cuits
1 cuillerée à soupe de graines de sésame blanc grillées
1 cuillerée à soupe de graines de sésame noir
1 pincée de wasabi en poudre

143

recette

Faire cuire le riz suivant les instructions figurant sur l'emballage, puis l'arroser de vinaigre de riz. Répartir le riz dans deux grands bols, déposer les edamame sur le dessus. Parsemer de graines de sésame et de wasabi.

TOFU, EDAMAME, RADIS & RIZ COMPLET

Préparation : 10 minutes
Cuisson : 35 minutes

pour 2 personnes

100 g de riz complet
200 g d'edamame écossés
55 g d'amandes entières
1 gousse d'ail
30 g de menthe
1 filet d'huile d'olive
225 g de tofu ferme, coupé en petits dés
40 g de radis finement émincés
Le jus de 1 citron
Sel et poivre

recette

Faire cuire le riz et les edamame suivant les instructions figurant sur l'emballage. Mixer grossièrement les edamame, les amandes, l'ail, la menthe (réserver quelques brins), un filet d'huile d'olive et une pincée de sel et de poivre dans un robot. Répartir le tofu et le riz dans deux grands bols, déposer le mélange mixé sur le dessus. Garnir avec la menthe réservée, les radis et arroser de jus de citron.

ULTRAVIOLET

Préparation : 10 minutes
Cuisson : 30 minutes

pour 2 personnes

100 g de riz noir
½ chou rouge, évidé et coupé en quartiers
150 g de navets (violets si vous en trouvez), coupés en fines tranches
2 cl de vinaigre de prune umeboshi
3 cl d'huile de lin
4 prunes umeboshi
1 poignée de menthe

recette

Faire cuire le riz suivant les instructions figurant sur l'emballage. Faire cuire le chou à la vapeur jusqu'à ce qu'il soit tendre. Répartir le riz, le chou et les navets dans deux grands bols. Arroser de vinaigre et d'huile, puis déposer les prunes et la menthe sur le dessus.

BLETTE, ABRICOT, AVOCAT & RIZ COMPLET

Préparation : 10 minutes
Cuisson : 10 minutes

pour 2 personnes

½ botte de blettes roses
1 cuillerée à soupe d'huile d'olive
300 g de riz complet, cuit
170 g de ricotta
50 g de mélange d'épices grillées (page 187)
4 abricots mûrs, coupés en quatre et grillés
1 avocat dénoyauté, pelé et coupé en dés
1 petite poignée de pousses de coriandre
Sel et poivre

recette

Couper les extrémités des blettes et hacher grossièrement le reste. Faire chauffer 1 cuillerée à soupe d'huile d'olive dans une poêle. Ajouter les tiges, les assaisonner et les faire cuire jusqu'à ce qu'elles soient tendres. Ajouter les feuilles et les laisser fondre. Répartir tous les ingrédients dans deux grands bols.

SPÉCIAL POPEYE

Préparation : 10 minutes
Cuisson : 25 minutes

pour 2 personnes

1 aubergine, coupée en tranches
1 gousse d'ail, émincée
100 g de pousses d'épinard
½ mangue, coupée en tranches
200 g de riz complet, cuit
2 cuillerées à soupe de noix de cajou
200 g de tofu
1 cuillerée à soupe d'huile d'olive
1 cuillerée à soupe de tamari
1 cuillerée à soupe de Maïzena®
1 filet d'huile de sésame
4 cuillerées à soupe de guacamole
Sel et poivre

recette

Préchauffer le four à 220 °C. Dans une assiette creuse, mélanger l'huile d'olive, le tamari et la Maïzena®. Couper le tofu en tranches, les tremper dans ce mélange puis les disposer dans un plat allant au four sur une feuille de papier sulfurisé. Enfourner 25 minutes. Faire dorer les tranches d'aubergine 10 minutes dans l'huile de sésame. Ajouter la gousse d'ail et faire revenir encore 5 minutes. Composer les assiettes avec le riz, le tofu, l'aubergine, les pousses d'épinard, la mangue, le guacamole et parsemer de noix de cajou.

BRUXELLES & RIZ NOIR CITRONNÉ

Préparation : 15 minutes
Cuisson : 10 minutes

pour 2 personnes

1 poignée de chips de légumes
16 choux de Bruxelles, coupés en deux
2 grosses carottes, râpées
2 cuillerées à soupe de raisins blonds
250 g de riz noir, cuit
1 gros morceau de gouda au cumin

Le jus de 1 citron
4 brins de persil
1 filet d'huile d'olive
4 cuillerées à soupe d'aïoli vegan (page 180)
Sel et poivre

recette

Faire sauter les choux avec un filet d'huile d'olive pendant 5 minutes, puis baisser le feu et laisser cuire encore 5 minutes. Mélanger les carottes râpées avec les raisins. Couper le gouda en petits morceaux. Composer les assiettes avec les chips, les choux de Bruxelles, les carottes aux raisins, le riz, le gouda, l'aïoli, arroser de jus de citron et parsemer de persil.

TOFU, LÉGUMES SAUTÉS & RIZ COMPLET

Préparation : 15 minutes
Cuisson : 10 minutes

pour 2 personnes

7 choux de Bruxelles, coupés en quatre
4 gros pleurotes propres, coupés en lamelles
1 petit morceau de gingembre épluché, coupé en bâtonnets
½ poivron rouge, coupé en lamelles
Le jus de ½ citron vert
220 g de riz complet, cuit
1 morceau de tofu japonais (tofu mariné), coupé en dés
4 cuillerées à soupe de sauce soja
2 cuillerées à café de noix de cajou
2 cuillerées à soupe d'huile d'avocat
4 cuillerées à soupe de sauce fraîche menthe & feta (page 180)
1 filet d'huile d'olive
Sel et poivre

recette

Mélanger le tofu avec la sauce soja. Faire rôtir 10 minutes au four à 200 °C dans un plat recouvert de papier sulfurisé. Faire sauter le poivron, les champignons et le gingembre dans une poêle 10 minutes avec un filet d'huile d'olive. Faire sauter 5 minutes les choux avec l'huile d'avocat. Composer les assiettes avec le riz, les choux de Bruxelles, le poivron et les champignons, le tofu et la sauce menthe & feta. Parsemer de noix de cajou et arroser d'un filet de jus de citron vert.

RIZ, TOFU & COURGETTE GRATINÉE

Préparation : 10 minutes
Cuisson : 12 minutes

pour 2 personnes

2 poignées de roquette
30 g de cheddar, râpé
1 courgette, coupée en tranches fines
220 g de riz blanc, cuit
150 g de pois chiches, cuits
½ oignon, émincé
150 g de tofu, coupé en morceaux
3 brins de persil plat
2 cuillerées à soupe de pesto rouge
1 cuillerée à soupe de graines de chanvre
1 cuillerée à café de ras el-hanout
4 cuillerées à soupe de houmous
1 filet d'huile d'olive

recette

Faire griller les tranches de courgette 6 minutes à 180 °C dans un plat chemisé de papier sulfurisé avec un filet d'huile d'olive. Ajouter le cheddar râpé et faire gratiner encore 6 minutes. Faire revenir le tofu avec l'oignon dans une poêle avec un filet d'huile d'olive. Ajouter les épices et le pesto. Composer les assiettes avec le riz, la roquette, les pois chiches, la courgette gratinée, le tofu,et le houmous. Parsemer de graines de chanvre et de persil. Arroser d'un filet d'huile d'olive.

LUNCH BOX

Composez des repas sur-mesure healthy pour des déjeuners au bureau ou des pique-niques joyeux et gourmands !

BOULETTES DE RIZ & THON

Préparation : 10 minutes

pour 1 personne

100 g de riz gluant, cuit
30 g de thon en conserve
2 cuillerées à café de moutarde
½ avocat, coupé en dés
30 g de poivron vert, coupé en dés
30 g de poivron rouge, coupé en dés
30 g de concombre, coupé en dés
½ cœur de sucrine, grossièrement haché
½ pomme, coupée en dés
6 brins de ciboulette, ciselés
½ citron vert
6 gressins
50 g de houmous
1 cuillerée à soupe d'huile d'olive
1 cuillerée à café de vinaigre balsamique
40 g de fraises
20 g de groseilles

recette

Mélanger le thon et la moutarde Diviser le riz en 3 portions et les étaler en galettes de 0,5 cm sur une planche. Poser au centre de chaque galette de riz une portion de thon à la moutarde. Bien mouiller ses mains et ramasser les galettes pour les fermer et former des boules bien compactes. Mélanger l'huile d'olive avec le vinaigre balsamique et le jus de citron vert. Mélanger l'avocat, les dés de poivrons vert et rouge, les dés de concombre, la sucrine, les dés de pomme et la ciboulette. Disposer tous les éléments dans les compartiments de la box.

POKE BOX

Préparation : 10 minutes
Cuisson : 3 minutes

pour 1 personne

150 g de pavé de saumon cru sans peau, taillé en cubes de 0,5 cm
1 avocat, coupé en quartiers
100 g de riz long, cuit
2 cuillerées à soupe d'huile d'olive
2 cuillerées à café de sauce soja
10 g de piment vert haché
10 g de cacahuètes grillées et salées, hachées
Le zeste et le jus de ½ citron vert
¼ d'oignon rouge, haché
12 tomates cerises, coupées en deux
8 crackers de riz
Sel

recette

Faire chauffer 1 cuillerée à soupe d'huile d'olive dans une poêle à feu moyen, ajouter la moitié du piment, cuire 30 secondes en remuant puis ajouter le riz, les cacahuètes et 1 cuillerée à café de sauce soja. Laisser cuire 2 minutes en remuant et laisser refroidir. Zester le citron vert et le presser pour récupérer le jus. Mélanger les cubes de saumon avec le jus de citron vert, la moitié du zeste et la sauce soja restante. Mélanger les tomates avec l'oignon rouge, 1 pincée de sel, le reste de zeste et de piment, et 1 cuillerée à soupe d'huile d'olive. Disposer tous les éléments dans les compartiments de la box. Le riz peut se réchauffer au moment de manger.

POULET RÔTI, RIZ & AVOCAT

Préparation : 10 minutes

pour 1 personne

100 g de riz long, cuit
150 g de poulet rôti
100 g d'edamame, cuits et écossés
1 avocat, coupé en dés
½ pomélo, coupé en quartiers de 2 cm
1 branche de menthe, ciselée
¼ d'échalote, hachée
1 cuillerée à soupe de sauce soja
1 cuillerée à café de miel
1 cuillerée à soupe d'huile d'olive
2 crêpes
2 cuillerées à soupe de pâte à tartiner chocolat noisette
30 g de parmesan
1 tranche de pain

165

recette

Effilocher le poulet. Mélanger les edamame avec l'avocat, la menthe, le pomélo et l'échalote. Mélanger l'huile d'olive avec la sauce soja et le miel. Verser dans un pot adapté à la box. Tartiner les crêpes de pâte chocolat noisette. Les couper en quatre. Disposer tous les éléments dans les compartiments de la box.

POULET CURRY

Préparation : 10 minutes
Cuisson : 10 minutes

pour 1 personne

150 g de filet de poulet, émincé en morceaux de 1 cm d'épaisseur
¼ d'oignon jaune, émincé
1 cuillerée à café de curry
10 cl de lait de coco
2 cuillerées à soupe d'huile d'olive
1 pincée de sel

100 g de riz long, cuit
50 g de tomates, coupées en quartiers
½ mangue, pelée et coupée en morceaux de 2 cm
2 branches de coriandre, ciselées
¼ d'oignon rouge, émincé
20 g de noix de cajou
1 pain pita

recette

Faire chauffer 1 cuillerée à soupe d'huile d'olive dans une poêle à feu moyen, faire revenir l'oignon jaune avec le curry pendant 3 minutes, ajouter les morceaux de poulet, faire revenir 5 minutes en remuant puis ajouter 1 pincée de sel et le lait de coco, laisser cuire encore 2 minutes. Mélanger les tomates avec les morceaux de mangue, l'oignon rouge émincé, les feuilles de coriandre et 1 cuillerée à soupe d'huile d'olive. Couper le pain pita en quartiers. Disposer tous les éléments dans les compartiments de la box. Le poulet et le riz se réchauffent au moment du repas.

CHILI CON CARNE

Préparation : 10 minutes
Cuisson : 20 minutes

pour 1 personne

100 g de bœuf haché
¼ d'oignon, haché
100 g de haricots rouges en conserve
100 g de tomates pelées en conserve
50 g de poivron rouge, épépiné et coupé en lamelles
1 pincée de graines de cumin
1 pincée de piment
1 pincée de sel
1 pincée de poivre
2 branches de coriandre
2 cuillerées à soupe d'huile d'olive
1 cuillerée à café de vinaigre balsamique
100 g de riz long, cuit
4 feuilles de laitue
¼ d'ananas, coupé en tranches

recette

Préparer le chili : faire chauffer 1 cuillerée à soupe d'huile d'olive dans une sauteuse à feu vif. Ajouter le cumin, le piment, la viande hachée, l'oignon et le poivron en lamelles. Faire revenir 3 minutes en remuant. Retirer la moitié des lamelles de poivron, réserver pour la box. Ajouter les tomates, 1 pincée de sel et de poivre dans la sauteuse. Laisser cuire 10 minutes, en remuant régulièrement. Ajouter les haricots rouges et laisser cuire encore 5 minutes. Mélanger 1 cuillerée d'huile d'olive avec le vinaigre balsamique et 1 pincée de sel, verser dans un petit pot adapté à la box. Disposer tous les éléments dans les compartiments de la box. Réchauffer le chili, les poivrons et le riz avant de manger et servir avec des feuilles de coriandre fraîche.

RIZ COMPLET & PATATE DOUCE AUX AMANDES

Préparation : 15 minutes
Cuisson : 20 minutes

pour 1 personne

100 g de patate douce, coupée en dés
10 amandes entières
150 g de riz complet, cuit
100 g de pousses d'épinards
1 échalote, émincée
2 cuillerées à soupe d'huile d'olive
2 cuillerées à soupe de crème épaisse
1 cuillerée à soupe de curry
1 cuillerée à café de sauce soja
1 pincée de sel
3 mini cannelés
1 cuillerée à soupe de confiture de figues
30 g de fromage de chèvre frais

recette

Faire chauffer 1 cuillerée à soupe d'huile d'olive dans une cocotte à feu moyen, ajouter les dés de patate douce, les amandes et le curry, faire revenir 10 minutes en remuant, ajouter 1 pincée de sel, la crème et 5 cl d'eau. Laisser cuire encore 5 minutes en remuant. Faire chauffer une poêle avec 1 cuillerée à soupe d'huile d'olive à feu moyen. Mettre l'échalote, laisser cuire 2 minutes en remuant, ajouter les pousses d'épinard et laisser cuire 1 minute pour qu'elles soient juste fondues. Ajouter la sauce soja, laisser encore 30 secondes. Disposer tous les éléments dans les compartiments de la box. Le riz, les épinards et la patate douce au curry se réchauffent au moment du repas. Le fromage de chèvre se mange avec la confiture de figues.

RIZ AUX COURGETTES

Préparation : 15 minutes
Cuisson : 15 minutes

172

pour 1 personne

200 g de courgette, coupée en fines rondelles
150 g de riz long, cuit
¼ d'oignon, émincé
½ gousse d'ail, haché
2 branches de thym, ciselées
2 branches de menthe, ciselées
3 cuillerées à soupe d'huile d'olive
40 g de tomates cerises
4 feuilles de laitue romaine
1 cuillerée à café de vinaigre de vin
½ citron
1 pincée de sel
100 g de fromage blanc
20 g de noix de cajou, hachées
12 myrtilles
20 g de granola

recette

Faire chauffer 1 cuillerée à soupe d'huile d'olive dans une poêle à feu moyen, faire revenir la moitié de l'oignon 3 minutes en remuant, ajouter l'ail, le thym, 1 pincée de sel et les rondelles de courgette, laisser cuire 5 minutes en remuant régulièrement. Arrêter la cuisson et ajouter le jus de citron et la menthe ciselée, mélanger et réserver. Faire chauffer 1 cuillerée à soupe d'huile d'olive dans la poêle, ajouter le reste d'oignon, laisser cuire 3 minutes en remuant, ajouter les noix de cajou et le riz, laisser cuire 2 minutes en mélangeant. Mélanger 1 cuillerée à soupe d'huile d'olive et le vinaigre, verser dans un pot adapté à la box. Disposer tous les éléments dans les compartiments de la box. La sauce assaisonne les tomates et la laitue. Mettre les myrtilles sur le fromage, à manger avec le granola.

RIZ AU TOFU & AUX LÉGUMES

Préparation : 10 minutes
Cuisson : 8 minutes

pour 1 personne

100 g de riz long, cuit
1 petit oignon jaune, émincé
50 g de maïs en conserve
50 g de petits pois cuits
100 g de tofu fumé, coupé en cubes
20 g de carottes, râpées
4 branches de coriandre, ciselées
1 cuillerée à soupe d'huile d'olive
1 cuillerée à soupe de sauce soja
1 tranche de pain
10 g de beurre demi-sel
80 g de cottage cheese
1 cuillerée à soupe de confiture d'abricots

recette

Faire chauffer l'huile d'olive dans une poêle à feu moyen. Ajouter l'oignon, faire revenir 4 minutes en remuant puis ajouter les cubes de tofu. Laisser cuire encore 2 minutes en remuant puis ajouter le riz et le maïs. Laisser cuire 2 minutes en mélangeant, ajouter la sauce soja et les petits pois, mélanger et arrêter la cuisson. Tartiner le pain de beurre. Disposer tous les éléments dans les compartiments de la box. Verser la confiture d'abricots dans le cottage cheese. Parsemer le riz aux légumes et au tofu de coriandre ciselée. On peut réchauffer le riz juste avant le repas.

POULET GRILLÉ & SALSA DE TOMATES

Préparation : 1 minute

pour 1 personne

150 g de blanc de poulet grillé ou rôti émincé en morceaux de 1 cm d'épaisseur
100 g de riz complet, cuit
50 g de tomates, hachées
1 cuillerée à soupe d'huile de pépins de raisin ou de tournesol
5 g de gingembre, pelé et haché
½ gousse d'ail, hachée
4 branches de coriandre, effeuillées
Le jus et le zeste de ½ citron
½ cœur de sucrine
100 g de yaourt grec
12 myrtilles
1 cuillerée à café de sucre
2 paquets de Gavottes®

recette

Mélanger les tomates avec la coriandre, l'ail, le gingembre, le jus et le zeste de citron et l'huile. Disposer tous les éléments dans les compartiments de la box. Mettre les myrtilles sur le yaourt grec, mélanger avec le sucre au moment du repas.

BASES & SAUCES

De quoi pimper son bowl, son plat de riz
ou sa lunch box en un clin d'œil !

SAUCE FRAÎCHE MENTHE & FETA

Préparation : 5 minutes

pour environ 80 cl

1 concombre pelé
2 grosses gousses d'ail, pelées
100 g de pois cassés, cuits
100 g de ricotta
100 g de feta
1 bouquet de menthe
1 bouquet de basilic
1 bouquet de persil
Le jus de 1 citron
1 cuillerée à soupe de graines de cumin
2 cuillerées à soupe d'huile d'olive
1 cuillerée à café de vinaigre de cidre
Sel et poivre

recette

Mixer tous les ingrédients ensemble jusqu'à obtenir un mélange crémeux. Se garde une semaine au frais dans un bocal fermé.

Cette sauce accompagne parfaitement les légumes crus ou cuits à la vapeur.

AÏOLI VEGAN

Préparation : 5 minutes

pour environ 50 cl

300 g de tofu soyeux
1 gousse d'ail, pelée
1 bouquet de persil
2 cuillerées à café de moutarde
Le jus et le zeste de 1 citron vert
4 cuillerées à soupe d'huile d'olive
Sel et poivre

recette

Mixer tous les ingrédients ensemble jusqu'à obtenir une consistance crémeuse.

Se garde 1 semaine au frais dans un bocal fermé.

TZATZIKI

Préparation : 10 minutes
Repos : 15 minutes

pour 1 bol moyen

1 gros concombre, coupé en fines lamelles
200 g de yaourt grec, égoutté
1 grosse gousse d'ail, pressée
2 brins de menthe, hachés
2 brins d'aneth, hachés
1 cuillerée à soupe d'huile d'olive

recette

Saler généreusement le concombre. Laisser dégorger 15 minutes dans une passoire. Égoutter le concombre en pressant des petites poignées entre les mains pour bien retirer toute l'eau. Mélanger avec le reste des ingrédients, ajouter l'huile d'olive. Poivrer, goûter et ajouter du sel si nécessaire.

HOUMOUS DE BETTERAVE AU SÉSAME

Préparation : 5 minutes

pour 1 bol moyen

240 g de pois chiches, égouttés
200 g de betterave, cuite et coupée en morceaux
1 cuillerée à soupe de tahin
1 gousse d'ail
Le jus de ½ citron bio
2 cuillerées à soupe d'huile de sésame grillé

recette

Mixer au blender tous les ingrédients sauf l'huile de sésame. Assaisonner, ajouter l'huile, mélanger. Goûter, rectifier l'assaisonnement si besoin. Ranger le houmous dans un bocal ou une boîte hermétique, il se conserve 4 à 5 jours au réfrigérateur.

SAUCE POKE

Préparation : 5 minutes

pour environ 2 personnes

3 cuillerées à soupe de sauce soja sucrée
Le jus de ½ citron
2 cuillerées à soupe d'huile d'olive
10 g de gingembre frais, râpé
½ cuillerée à café de piment d'Espelette

recette

Mélanger tous les ingrédients. On peut ajouter ½ gousse d'ail pressé et 1 petite cuillerée à café de graines de sésame doré. La sauce se conserve 4 à 5 jours dans un bocal au réfrigérateur.

SAUCE CORÉENNE GOCHUJANG

Préparation : 5 minutes

pour environ 2 personnes

1 cuillerée à soupe de gochujang
(pâte de piment coréenne)
2 cuillerées à soupe de sauce soja sucrée
2 cuillerées à soupe de vinaigre de riz
½ cuillerée à café de sésame grillé

recette

Délayer le gochujang avec 2 cuillerées à soupe d'eau chaude. Ajouter le reste des ingrédients. La sauce se conserve 4 à 5 jours dans un bocal au réfrigérateur.

SAUCE NUOC-MÂM

Préparation : 5 minutes
Repos : 10 minutes

pour 2-3 personnes

90 g de sucre non raffiné
6 cl de nuoc-mâm
8 cl de jus de citron vert (environ 2 pièces)
½ cuillerée à café de sel

recette

Mélanger le tout. Laisser reposer 10 minutes le temps que le sucre se dissolve. Pour l'assaisonnement des bobuns, on pourra ajouter 1 gousse d'ail pressée et un peu de piment émincé.

SAUCE D'HUÎTRE À L'AIL FRIT

Préparation : 5 minutes
Cuisson : 5 minutes

pour 2 personnes

5 cl d'huile végétale
2 gousses d'ail, hachées
2 cuillerées à soupe de sauce d'huître
2 cuillerées à soupe de sauce soja

recette

Chauffer l'huile dans une petite casserole. Faire dorer l'ail en remuant constamment. Retirer l'ail. Mélanger la moitié de l'huile aillée avec la sauce d'huître et la sauce soja. Réserver le reste d'huile pour faire revenir des viandes ou des légumes. On peut mélanger l'ail dans la sauce, mais il perdra son croquant.

SAUCE MISO & AGRUMES

Préparation : 5 minutes

pour 2-4 personnes

50 g de miso blanc
2 cuillerées à soupe de sauce soja sucrée
10 cl de jus d'orange
Le jus de ½ citron
10 g de gingembre, râpé

recette

Mélanger tous les ingrédients de la sauce. Elle peut servir de vinaigrette pour des crudités ou de sauce pour les cuissons de viande, poisson ou tofu/tempeh. On peut ajouter 2 cuillerées à soupe d'huile d'olive ou de noix.

SAUCE SOJA & GINGEMBRE

Préparation : 5 minutes

pour 2 personnes

3 cuillerées à soupe de sauce soja sucrée
2 cuillerées à soupe de vinaigre de riz
2 cuillerées à soupe d'huile d'olive
5 g de gingembre, râpé

recette

Mélanger tous les ingrédients de la sauce. Selon les envies, le vinaigre peut être remplacé par le jus de ½ citron et l'huile d'olive par de l'huile de sésame. On peut ajouter un peu de piment en poudre. La sauce se conserve 4 à 5 jours au réfrigérateur.

SAUCE CACAHUÈTE

Préparation : 5 minutes

pour 2-3 personnes

50 g de beurre de cacahuète sans sucre
4 cuillerées à soupe de sauce soja sucrée
Le jus de 1 petit citron
1 gousse d'ail, pressée
10 g de gingembre, râpé

recette

Délayer le beurre de cacahuète avec 2 cuillerées à soupe d'eau chaude. Ajouter les autres ingrédients et la moitié du jus de citron. Mélanger énergiquement. Rectifier en jus de citron si besoin. La sauce se conserve 3-4 jours au réfrigérateur. Si elle fige, délayer avec un peu d'eau chaude.

SAUCE SATAY

Préparation : 5 minutes
Cuisson : 5 minutes

pour 2 personnes

2 cuillerées à soupe d'huile végétale
1 cuillerée à soupe de pâte de curry rouge thaïe (à doser selon les goûts)
50 g de beurre de cacahuète non sucré
15 g de sucre
125 g de lait de coco
½ cuillerée à café de sel

recette

Chauffer l'huile dans une petite casserole. Faire revenir la pâte de curry 2 minutes sur feu doux, en remuant. Ajouter le reste des ingrédients. Mélanger et porter à ébullition. La sauce se conserve plusieurs jours au frais. La réchauffer avant utilisation.

SAUCE AU TAHIN

Préparation : 5 minutes

pour 2 personnes

75 g de tahin
6 cl d'eau glacée
3 cl de jus de citron
½ gousse d'ail, finement hachée
1 cuillerée à café de sel, ou plus selon votre goût

recette

Fouetter tous les ingrédients jusqu'à obtention d'une consistance lisse. Verser dans un bocal propre. Conserver 3 jours maximum au réfrigérateur.

SAUCE À LA MOUTARDE

Préparation : 5 minutes
Cuisson : 5 minutes

pour 2 personnes

1 cuillerée à café de moutarde de Dijon
1 cuillerée à soupe de miel
1 cuillerée à soupe de jus de citron
12,5 cl d'huile d'olive
¼ de cuillerée à café de sel
¼ de cuillerée à café de poivre

recette

Fouetter le miel, la moutarde et le jus de citron dans un bol jusqu'à l'obtention d'un mélange homogène. Incorporer progressivement l'huile, sans cesser de fouetter. Saler et poivrer.

MÉLANGE D'ÉPICES GRILLÉES

Préparation : 5 minutes

pour 200 g

10 g de graines de cumin
8 g de graines de coriandre
8 g de graines de fenouil
1 cuillerée à café de sumac
1 cuillerée à café de sel
140 g de pistaches grillées
62 g de graines de courge grillées

recette

Faire chauffer une petite poêle sur feu moyen. Ajouter les graines de cumin, de coriandre et de fenouil et les faire griller 2 minutes tout en remuant la poêle pour libérer les parfums. Veiller à ce que le mélange ne brûle pas et n'attache pas. Retirer du feu et laissez refroidir. Réduire les épices en poudre à l'aide d'un moulin à épices. Les verser dans un bocal en verre propre. Incorporer le sumac et le sel. Mixer grossièrement les pistaches et les graines de courge et les ajouter aux épices. Conserver 2 semaines maximum au réfrigérateur.

RIZ AU CURCUMA & ÉPICES

Préparation : 10 minutes
Cuisson : 40 minutes

pour 4 personnes environ

- 200 g de riz long complet + 2 fois son volume en bouillon de légumes ou de volaille
- 40 g de gingembre frais, râpé
- 40 g de raisins secs
- 1 gousse d'ail, pressé
- 1 oignon, ciselé
- 1 feuille de laurier
- 1 bâton de cannelle
- 6 clous de girofle
- 1 cuillerée à soupe de curcuma en poudre
- 2 cuillerées à soupe d'huile de coco

recette

Rincer le riz. Chauffer l'huile de coco dans une sauteuse ou une casserole. Faire suer l'oignon, l'ail et le riz pendant 5 minutes. Verser le bouillon et tous les autres ingrédients. Porter à ébullition. Baisser le feu, couvrir et cuire à petite ébullition pendant 25 minutes environ. Baisser le feu au minimum et poursuivre la cuisson 10 minutes supplémentaires. Laisser reposer 5 minutes avant de mélanger et de servir.

INDEX

REMERCIEMENTS

Un IMMENSE merci à Delphine, qui m'a grandement aidée pendant tout ce projet et dont la présence était vraiment précieuse. En plus d'être une amie c'est une assistante de choc !
Un autre grand MERCI à Rebecca qui, au-delà d'être une photographe talentueuse, est une super partenaire de travail, fun, efficace et spontanée !
Merci à Christine et Audrey de m'avoir proposé ce projet dont je n'imaginais pas l'ampleur au départ, mais qui a été une super opportunité pour faire marcher ma créativité et proposer des recettes comme des tableaux, renouant ainsi avec ma formation artistique (et assouvissant ma névrose du rangement et de la symétrie...).
Merci à toute l'équipe Marabout qui a travaillé sur ce livre.
Merci à mes voisins et amis qui sont mes testeurs officiels.
Merci à ma Nina chérie, comme d'habitude, d'accepter la cuisine en chantier au quotidien et de manger tous les restes du travail de Maman alors que les pâtes au beurre, c'est franchement plus sympa !

Mise en pages : Frédéric Voisin
Relecture : Émilie Collet et Natacha Kotcketkova

2153209
ISBN : 978-2-501-17709-2
Dépôt légal : février 2023

Achevé d'imprimer en janvier 2023 sur les presses de Grafo en Espagne.

PAPIER À BASE DE FIBRES CERTIFIÉES

MARABOUT
s'engage pour l'environnement en réduisant l'empreinte carbone de ses livres.
Celle de cet exemplaire est de :
2000 g éq. CO_2
Rendez-vous sur
www.marabout-durable.fr